AF248285

# PANEGYRIQUE

## DE

# S. CHARLES

## BORROME'E,

### CARDINAL ET ARCHEVESQUE

### DE MILAN,

*PRONONCE' EN L'EGLISE*
*de Saint Jacques de la Boucherie.*

**A PARIS,**
De l'Imprimerie de la Veuve EDME MARTIN,
ruë Saint Jacques, au Soleil d'or.

M. DC. LXX.
*AVEC PRIVILEGE DU ROY.*

# PANEGYRIQUE
## DE
## SAINT CHARLES
### BORROME'E.

Spectaculum facti sumus mundo, Angelis, & hominibus.

*Nous avons esté vn spectacle, vn sujet d'étonnement, & d'admiration au monde, aux Anges, & aux hommes.* Ces paroles sont tirées de la premiere epistre aux Corinthiens, chap. 4.

N est toûjours assez eloquent, quand on parle de ce que l'on aime, le feu qui échauffe & brûle le cœur, se communique & se répand aussi-tost à l'esprit. Ainsi, MESSIEURS, je puis hardiment faire aujourd'huy l'eloge

A

qu'on m'a demandé de Saint Charles Borro-
mée ; car je vous declare que je suis passion-
né de ce grand Saint. Non seulement j'ai
toûjours regardé sa vie miraculeuse avec des
sentimens pleins de tendresse, de veneration,
& de transport : j'ai mesme eu la consolation
de voir , de toucher, & de baiser son sacré
corps ; j'ai eu le bonheur de me trouver dans
la pluspart des lieux qu'il a sanctifiez par sa
presence ; j'ai eu la curiosité de m'informer
des moindres particularitez de son histoire, à
des personnes à qui la memoire en estoit
toute fraische , & pour ainsi dire , encore
toute vivante : & bien loin d'avoir rempli
par ce moyen l'avidité de mes desirs , &
satisfait ma passion , je vous confesse que
tout cela n'a fait qu'accroistre les flames, &
exciter dans mon cœur vn plus grand incen-
die, & vn plus vaste embrasement d'amour
pour cét eminentissime Cardinal, & tout ensemble illustre Archevesque. Ayant reconnu
que pour grande que soit la reputation de
sainteté & de vertu qu'il ait acquise en France, elle n'approche du tout point de celle
qui court & vole de luy en Italie. Il n'en est
pas aussi de son merite, comme de celuy de
tant de personnes si fort vantées , dont les
qualitez tiennent de ces perspectives inge-

nieufes, qui ne paroiffent belles que par l'é-
loignement, & dans vne certaine diftance
ou point de veuë; qui reffemblent à ces ri-
vieres qui s'enflant & fe groffiffant dans la
fuite & dans le progrés de leurs cours roulent
leurs flots avec plus de bruit & d'impetuofi-
té, plus elles s'éloignent de la fource qui leur
a donné la naiffance, & qui n'eft prefque pas
reconnoiffable. Non, MESSIEURS, c'eft vn
foleil dont les rayons s'affoibliffent à mefure
qu'ils partent, & s'éloignent du centre de
fa lumiere : plus on s'en approche, plus il
échauffe, plus il brille, plus il éblouït; Saint
Charles eftant infiniment plus grand à le
confiderer de prés que de loin, tout au contraire du commun des hommes : grand & excellent à nos yeux, mais plus grand & plus
excellent encore à ceux qui l'ont veû, connu,
& pratiqué. Je ne crains donc point que
mon amour m'abufe, & me mene trop loin
dans le Panegyrique que je pretends faire de
fes grandeurs. Le portrait que je vais tracer,
fera moins beau & moins flatté, qu'il ne fera
fidele & reffemblant. J'apprehende plus de
n'en dire pas affez, que d'en dire trop. Je
prevoy mefme dés l'entrée de ce difcours,
que quelques pompeufes & magnifiques que
foient les paroles que j'attribuë à Saint Char-

les , en luy faifant dire aprés l'Apoftre Saint
Paul : *Spectaculum facti fumus mundo , Angelis , & hominibus.* L'on trouvera peut-eftre
qu'elles ne répondent pas affez à la dignité ,
& à l'eminence de mon fujet ; qu'elles n'en
expriment aucunement le caractere particulier  ; qu'on n'y reconnoift point Saint
Charles , & qu'enfin l'amour a des yeux
trop fubtils & trop penetrans, des couleurs
trop vives , des traits trop hardis , & des
touches trop expreffives , pour avoir part à
vne copie fi peu conforme à fon original.
Il eft vray qu'à confiderer ce paffage fu-
perficiellement & à la lettre, il femble con-
venir generalement à tous les Bienheureux,
& qu'il eft par confequent trop commun
pour eftre appliqué à vn Saint d'vn merite fi
rare, fi extraordinaire, & fi nouveau. Mais
il faut auffi tomber d'accord , MES-
SIEURS, que les amans ont vne maniere
de s'expliquer , & de fe faire entendre, où les
autres gens ne comprennent rien. Ils parlent
plûtoft de cœur à cœur , que de bouche à
bouche : ils s'entendent aux moindres fignes,
ils ont des veuës toutes fingulieres, des conce-
ptions furprenantes & inouïes : témoin ce que
nous lifons dans le Cantique, où le myftique
Salomon fe fait des portraits au naturel de fa

chaſte Sulamite , des bois, des prairies, des rochers, des tours , & des montagnes. C'eſt, MESSIEURS, ce qui m'eſt arrivé , voulant peindre Saint Charles : mon cœur embraſé d'amour a conduit & éclairé mon eſprit, au-lieu que c'eſt l'eſprit qui conduit & éclaire ordinairement le cœur ; la paſſion a fait en moy ce que le hazard & le dépit firent autre-fois dans la perſonne de ce peintre fameux, dont tout le monde ſçait l'heureuſe temerité : ayant ſi bien rencontré dans le choix de mon texte, que je puis dire ſans trop m'avancer , qu'il n'y a peut-eſtre point d'endroit dans toute l'Ecriture, qui convinſt mieux à Saint Charles, que celuy-ci , & qu'il eſt l'vnique de tous les Saints à qui il puiſſe eſtre appli-qué dans le ſens que je luy donne, & que j'é-tablirai ſolidement dans la ſuite de ce diſ-cours. Mais puiſque je ſuis redevable à l'a-mour d'vne ſi belle découverte, ſaluöns avant toutes choſes la plus aimable, la plus aimée, & la plus aimante de toutes les creatures. C'eſt ainſi que Saint François de Sales , le plus parfait imitateur qu'ait jamais eu noſtre grand Cardinal , appelle la Bienheureuſe Vierge. Diſons luy donc devotement avec l'Ange, *Ave Maria , &c.*

POUR ne pas tenir davantage vos efprits incertains & en fufpens touchant l'interpretation de mon texte, & touchant la face & le tour que je veux donner à tout ce difcours: mon deffein eft, MESSIEURS, de vous y reprefenter Saint Charles dans les trois plus fameux theatres de l'Univers, y formant trois grands & merveilleux fpectacles , fuivant ce qui eft infinué dans ces paroles de l'Apoftre: *Spectaculum facti fumus Mundo , Angelis , & Hominibus.* Ces trois differens theatres font trois des premieres villes du monde , & des plus celebres d'Italie, ROME, TRENTE, & MILAN, où Saint Charles a eu pour fpectateurs & pour admirateurs de fa vertu le monde, les Anges, & les hommes, le prefent, & l'avenir, fon fiecle , & toute la pofterité. Il a efté vn fpectacle , vn fujet d'étonnement & d'admiration dans Rome au monde , en le méprifant : *Spectaculum facti fumus mundo.* Il a efté vn fpectacle, vn fujet d'étonnement & d'admiration dans Trente aux Anges , c'eft à dire , aux Evefques , en les éclairant : *Spectaculum facti fumus Angelis.* Il a efté vn fpectacle, vn fujet d'étonnement & d'admiration dans Milan aux hommes , en les aimant : *Spectaculum facti fumus hominibus.*

Spectacle de force & de courage, de grandeur & de fermeté d'ame, en foulant aux pieds les honneurs & l'ambition : *Spectaculum mundo.* Spectacle de lumiere d'esprit, & d'intelligence, en conduisant & animant les Prelats assemblez dans vn Concile general, comme neveu d'vn Pape, & la seconde personne de l'Eglise : *Spectaculum Angelis.* Spectacle d'amour & de tendresse, de charité & de solicitude pastorale, en s'exposant à la mort pour ses oüailles, dans vn temps de peste, en qualité d'Archevesque : *Spectaculum hominibus.* J'éleverai donc sur ces trois fameux theatres de ROME, de TRENTE, & de MILAN, comme autant de thrônes à nostre Saint, dans les trois parties de ce discours.

C'EST vne chose fort étonnante de voir la passion aveugle & furieuse qu'ont eu les gentils pour les Spectacles : il n'y a qu'à ouvrir le livre des Confessions de Saint Augustin, où il parle des emportemens d'vn de ses plus chers amis, pour reconnoistre à fond jusqu'à quel excés de folie elle a monté, & avec combien de tyrannie elle a regné autrefois ; & principalement dans Rome, où l'on admire encore aujourd'huy tant de precieux restes de ces Theatres, de

ces Cirques, de ces Arenes, Hipodromes, &
Naumachies, qui ont veû fi fouvent mefler
le fang des Chreftiens avec celuy des beftes
fauvages, & qui y fubfiftent depuis feize
cens ans. Et comme tout ce difcours roule,
& eft bafti là-deffus, les paroles de mon texte fe devant expliquer à la lettre de Saint
Paul, qui affure qu'on le regardoit, auffi-bien
que le refte des Apoftres, comme des gens
deftinez à la mort, pour fervir vn jour de
fpectacle & de divertiffement au monde dans
vn amphitheatre : permettez-moy, MES-
SIEURS, de commencer ce point par vn
bel endroit de Saint Cyprien, où il eft parlé des Spectacles ; fi cela nous détourne tant
foit peu de noftre route, cela ne nous égare-
ra pas, cela nous conduira mefme par vn
chemin tout couvert de fleurs, & par vne
plus charmante avenuë à cette capitale du
monde, dans laquelle nous devons d'abord
confiderer Saint Charles. Aprés donc que ce
grand homme a marqué que l'idolatrie avoit
efté la mere nourrice de tous ces monftres
horribles, & de tous ces vains phantofmes,
dont elle s'eftoit fervie, comme d'vn appas
pour attirer à foy les peuples, charmez qu'ils
eftoient de tous ces vains & ridicules amufe-
mens, & de ces folles reprefentations, qui

faifoient

faiſoient partie de la Religion des Payens, par vn artifice du Demon, lequel prévoyant que l'idolatrie toute nuë donneroit de l'horreur, l'avoit ainſi reveſtuë de la volupté des Jeux & des Spectacles ; il enſeigne le veritable moyen de retirer les hommes de ce profond abyſme, en leur propoſant des Spectacles ſaints & eternels, au-lieu des Spectacles paſſagers, vains & profanes du monde. Oüy, nous conſentons & nous approuvons que le Chreſtien qui ſe prive des divertiſſemens du Cirque & du Theatre, cherche d'autres Spectacles qui luy tiennent lieu de ceux auſquels il renonce. Ecoutez ce que dit le Prophete : *Seigneur, mon Dieu, vous avez fait vn nombre infini de choſes, qui ſont autant de merveilles que vous nous mettez devant les yeux.* Ce Chreſtien ſe plaiſoit auparavant à conſiderer les frivolles merveilles des hommes, qu'il s'arreſte maintenant aux merveilles de Dieu, qu'il les admire & les contemple, puiſque ce ſont des miracles d'vne magnificence, & d'vne ſageſſe toute divine qui merite d'eſtre toûjours également vn ſujet d'admiration. Il n'y a point de Preteur, de Conſul, pas meſme d'Empereur, quelque liberalité qu'il déploye, qui vous puiſſe faire voir ces choſes, qui vous puiſſe donner ces

B

plaiſirs. Où eſt le Theatre fait par la main des hommes, qui puiſſe eſtre comparé à celuy où Dieu nous a mis ſur la terre, qui ſuſpenduë ſur des poids égaux & ſi juſtes, ne ſçait de quel coſté pancher? Qu'vn Chrêtien admire les élancemens & l'agitation de l'Ocean, qui dans ſa plus grande furie n'oſe jamais paſſer les grains de ſable que Dieu luy a donnez pour barrieres. Qu'il admire la ſucceſſion des jours, la beauté de la lumiere, les mouvemens reglez de ces Aſtres qui roulent ſi majeſtueuſement ſur nos teſtes. Qu'vn Chreſtien s'applique à la lecture de la Sainte Ecriture, il y trouvera des Spectacles dignes de la foy, dont il fait profeſſion. Y en a-t-il, MESSIEURS, de plus beau, de plus agreable & de plus neceſſaire, que de contempler ſans ceſſe l'objet de noſtre eſperance & de noſtre ſalut? on en peut joüir eſtant meſme privé de l'vſage des yeux. Qu'vn Chrêſtien conſidere la Vie des Saints; c'eſt-là qu'il verra des combats tout autres, que ceux des Gladiateurs & des beſtes farouches. *Hæc, inquam, & alia opera divina ſint Chriſtianis fidelibus Spectacula.* Voilà, MESSIEURS, les Spectacles perpetuels que Saint Cyprien propoſoit aux Fideles de ſon temps. Et c'eſt dans ce meſme deſſein que je vous en propo-

se aujourd'huy vn bien rare, bien extraordinaire, & bien nouveau dans la personne de
Saint Charles ; Et cela, MESSIEURS, sur le
Theatre le plus éclatant & le plus élevé de
toute la terre, c'est à dire, à Rome dans la
Cour d'vn Pape, où ie voy vn jeune homme de vingt-deux ans tout à coup devenu
Prince, Cardinal, Vice-Chancelier, Archevesque de Milan, & la seconde personne du monde Chrestien, renoncer courageusement aux
vanitez & aux delices d'vn Siecle le plus corrompu qui fut jamais. Cette action est si sin-
guliere dans son espece, qu'elle merite que
nous l'examinions dans toutes les circon-
stances du lieu, du temps, & de la personne,
qui jointes ensemble & ramassées en rehaus-
sent & en redoublent infiniment le prix &
l'excellence. Je remarque d'abord que Dieu
a permis que Saint Charles fist paroistre & é-
clater cette marque de sa constance & de la
fermeté de son esprit dans vn lieu, qui suivant
l'interpretation de Saint Jerosme, a tiré sa
denomination de la force & du courage: *Vrbs
potens*, dit ce Pere s'adressant à la ville de Rome, *vrbs domina, vrbs Apostoli voce laudata
interpretare vocabulum tuum* : Ville puissante,
ville maistresse du monde, ville qui as merité
d'estre loüée par la propre bouche de l'Apô-

tre, il fuffit d'interpreter ton nom pour faire ton Panegyrique : il renferme toutes tes grandeurs & tes prerogatives, *Fortitudinis nomen est apud Græcos :* C'eft vn nom de force & de courage chez les Grecs. En effet, MESSIEURS, fans parler des victoires que Rome payenne & triomphante a remportées fur toutes les Nations du monde, n'eft-ce pas Rome Chreftienne, qui a rempli la terre de Martyrs, les Temples d'Autels, l'Eglife de trophées, & le Ciel de Couronnes? N'eft-ce pas Rome, qui a veu des premieres dans l'enceinte de fes murs, des legions innombrables d'hommes, de femmes, de vieillards, de jeunes enfans, de filles tendres & delicates, fouffrir des tourmens horribles avec tant de force, de joie & de courage, que les tyrans en eftoient confus, & que les bourreaux eftoient plus las de les tourmenter, qu'ils ne l'étoient eux-mefmes de les fouffrir ? De quelque cofté qu'on jette les yeux, en quelque lieu qu'on y mette les pieds, ne rencontre-t-on pas auffi-toft les glorieux monumens des Saints Apoftres, de ces grands Heros du Chriftianifme, de ces perpetuels vainqueurs d'eux-mefmes, qui ont cueilli des palmes fanglantes dans le champ de bataille? N'y voit-on pas encore la carriere qu'ont fourni fi genereufement malgré la foibleffe de

leur sexe, les Agnés, les Ceciles, les Bibianes,
les Praxedes, & les Domitilles ? Mais, helas !
MESSIEURS, cette ville Sainte & si recomman-
dable pour tant d'exemples illustres de courage qu'elle a produits au monde Chrestien,
estoit bien décheuë de son ancienne splendeur,
quand Saint Charles y arriva. La Maistresse des
Nations estoit devenuë la tributaire de tous les
vices ; autant qu'elle avoit esté signalée par sa
fermeté & par son courage, autant estoit-elle
alors décriée par sa lascheté, par sa noncha-
lance, & par sa molesse. Car pourquoy dissi-
muler vn desordre qui a merité vn si glorieux
Reparateur ? A quoy bon pallier vn mal qui
a exercé vn Medecin si habile ? Cette Vigne
du Seigneur plantée par les Princes des Apô-
tres, arrosée de leurs sueurs & de leur sang, cul-
tivée par les soins de tant de saints ou-
vriers, estoit toute entre-ouverte en ce mal-
heureux siecle aux incursions des bestes farouches, par la negligence de leurs Succes-
seurs, qui paroissoient plûtost heritiers de
Constantin l'Empereur, comme disoit autrefois Saint Bernard, que de Pierre le Pes-
cheur. La pompe, le luxe, la vanité, & la
dissolution des Cours seculieres, s'estoient in-
troduites peu à peu sur le Trône de l'Eglise;
le Clergé estoit enseveli dans les tenebres

d'vne profonde ignorance, & d'vne corru-
ption déplorable : d'où il eſt aiſé de juger
quelle eſtoit alors la diſpoſition & l'état des
peuples qui leur eſtoient ſoûmis. Voilà,
MESSIEURS, ce qui faiſoit apprehender à
Saint Charles de ſe commettre ſur vne mer
ſi orageuſe, de s'expoſer à vn ſi grand air, ſi
corrompu & ſi empeſté. Voilà ce qui le fit
recourir aux Sacremens de Penitence & de
l'Euchariſtie, ſi-toſt qu'on luy porta la nouvelle de l'exaltation de ſon oncle au Pontificat ; & pendant que les autres s'empreſ-
ſoient de faire leur cour au nouveau Pape,
il s'alla jetter en toute humilité aux pieds du
Sauveur, à l'imitation du grand Cardinal
Ximenés, qui aprés la fameuſe expedition
d'Oram contre les Maures d'Afrique, dont il
avoit fait le projet & la dépenſe, à laquelle il
avoit aſſiſté, & donné les ordres en perſonne, ſe mit trois jours en retraitte, afin de
ſe dérober mieux aux acclamations des gens
de guerre, & aux benedictions des Peuples,
pour vn ſuccés ſi avantageux à l'Egliſe, dont
il vouloit laiſſer toute la gloire à Dieu ſeul,
luy diſant dans le fort de ſa joie: *Domine, non
eſt exaltatum cor meum, neque elati ſunt oculi
mei.* Ce que je rapporte exprés pour fermer la
bouche par vn tel exemple aux eſprits forts,

aux Politiques , & aux gens du grand monde, qui voudroient peut-eſtre encore aujour-
d'huy attribuer , comme firent autrefois les
Speculatifs d'Italie, cette actionde Saint Charles à peu de cœur , à puſillanimité & à baſſeſ-
ſe d'ame ; ce qui provenoit neantmoins de
ſurabondance de zele , de tranſport, & d'excés d'amour pour ſon Dieu.  Il parut bien
dans la ſuite des temps que S. Charles avoit
puiſé avec plenitude dans cette ſource de vie
les graces qui luy eſtoient neceſſaires pour vn
employ ſi perilleux qu'eſtoit le ſien, de neveu
d'vn Pape , & d'vn neveu tendrement cheri,
& particulierement aimé.  Il parut bien que
ce pain des forts dont il ſe munit, luy avoit
ſervi de preſervatif aſſuré , & d'antidote ſou-
verain contre l'infection generale , & la cor-
ruption étrange des mœurs ,  à travers laquelle il marcha toûjours du depuis , ſans ſe
tacher & ſe ſalir aucunement.  En effet , le
haut degré où il ſe vid monter, ne luy fit point
tourner la teſte , ne luy cauſa point l'étour-
diſſement & le vertige, cette fierté incommo-
de , cette enflure d'eſprit & de cœur , qui
ſont les compagnes ordinaires , & les ſui-
vantes inſeparables de la grandeur. Ni les
richeſſes , ni les honneurs , ni les charmes
de la volupté & de la gloire , ces dangereu-

ſes enchantereſſes, ne purent jamais avoir
priſe ſur ſon eſprit, ne le purent jamais ſe-
duire. Il conſerva toûjours pour tant de
pieges ſi engageans, pour tant d'objets
doux & flateurs, la meſme indifference que le
jeune Joſeph eut pour la femme de ſon maî-
tre. En ſorte, MESSIEURS, que la proſperité qui ruïne & corrompt la pluſpart des hommes, n'a ſervi qu'à le confirmer & qu'à l'affer-
mir davantage dans la vertu. Cét endroit eſt
à mon gré vne des plus belles veuës, & des
plus riches perſpectives qu'il y ait dans toute la Vie de Saint Charles, la plus ſinguliere
& la plus nouvelle. Arreſtons-y donc vn peu
nos regards ; délaſſons, pour ainſi dire, nos
yeux en les promenant à loiſir ſur l'émail de
ces fleurs, & dans ce beau champ de Morale qui s'offre & ſe preſente ici à noſtre eſprit.
Il eſt tres-certain, MESSIEURS, que la
proſperité eſt bonne en ſoy ; mais il n'eſt que
trop vray qu'elle devient ſouvent mauvaiſe,
& meſme ſans comparaiſon pire que l'adverſité, ſuivant la mauvaiſe diſpoſition de ceux,
entre les mains de qui elle tombe : pour vne
perſonne que vous verrez que l'adverſité aura
plongée dans le deſeſpoir, nous en compterons
mille de perduës par leur trop bonne fortune.
*Cadent à latere tuo mille, & decem millia à
dextris*

*dextris tuis*, selon l'explication que donne Saint Bernard à ce passage du Psalmiste, qu'il confirme encore par cét endroit de l'Apôtre : *Per arma justitiæ à dextris & à sinistris.* Et la raison de cela, MESSIEURS, est que l'adversité reserre l'esprit en luy-mesme, l'excite à s'armer de pieté, de prudence & de resolution à mesme temps que la prosperité le relasche, l'égare & le dissipe. C'est vn pas bien glissant que la prosperité ; c'est vn beau chemin, qui aboutit ordinairement à vn précipice. Aussi comme nous voyons que les voyageurs qui ont à passer par des forests pleines de voleurs, marchent bien armez, & se tiennent sur leurs gardes en les traversant : de mesme ceux qui sont dans l'éclat & dans l'abondance, doivent marcher avec beaucoup de circonspection & de retenuë, armez de la crainte & de l'amour de Dieu, estant toûjours sur la deffensive. Car c'est-là où Satan se tient en embuscade ; & au lieu que les voleurs font leurs coups retranchez dans des vieilles mazures, en des lieux sauvages & hideux, le demon fait tout au contraire les siens dans les lieux les plus charmans & les plus delicieux. Ce ne fut pas parmi les ronces & dans les épines qu'il se glissa pour attaquer le premier homme ; il se

servit d'vn fruit bon à manger , agreable à
voir , & defirable pour la fcience : & il s'eft
fervi du depuis de la beauté , des delices &
de la curiofité pour perdre les hommes , qui
d'vne façon, qui de l'autre. Vivre parmi ces
careffes dangereufes , c'eft fe promener fur
des pieges , au fentiment de l'Ecriture. Il
eft donc befoin d'eftre puiffamment fortifié
de pieté, de fageffe & de refolution pour n'y
eftre point attrapé , & d'vne favorable affi-
ftance de Dieu pour fe développer de ces
rets , quand on y eft vne fois furpris & en-
gagé. S'il ne faloit que roidir les bras, il y en
auroit affez qui les roidiroient ; mais il faut
s'endurcir le cœur, & les cœurs les plus forts
& les plus fermes s'amoliffent & fe fondent
pour peu que la volupté les touche. Si elle fe
prefentoit avec vne mine & vn équipage de
furie, avec des torches ardentes en main, &
des ferpens au lieu de cheveux; il n'y auroit
perfonne qui ne luy fermaft la porte : mais
elle vient avec toutes les mignardifes , &
toutes les parures des graces, avec des guir-
landes de fleurs fur la tefte, & des corbeil-
les pleines dans les mains. Qui fera donc le
Chreftien , qui la refufera en cét eftat ? qui
rejettera ce qu'elle luy prefente ? Ce fera
vn Saint Charles, MESSIEURS, qui a

conſervé le mépris & l'averſion du monde parmi tout ce qu'il a de plus engageant, parmi tout ce qui le peut rendre agreable à ceux qui l'aiment. La pluſpart des Saints ont eſté élevez & attirez à Dieu par le moyen des afflictions & des adverſitez, au lieu qu'vn flux continuel de proſperitez ſur Saint Charles, a ſervi d'aiguillon & de motif pour l'exciter & l'enflammer davantage dans l'amour de Dieu. Il s'eſt ſauvé, où la moitié du monde ſe perd : qui eſt la reflexion qu'il faiſoit luy-meſme ſur ſon eſtat & ſur ſa perſonne, rendant de continuelles actions de graces à la miſericorde divine, de l'avoir appellé à ſon ſervice par la meſme voye que le reſte des hommes s'en éloigne. Il le montra bien à la mort de ſon aîné, par laquelle il ſe voyoit devenu le chef de la famille des Borromées, en eſtat de ſe marier aux plus illuſtres Princeſſes de l'Europe : car lorſqu'vn chacun croyoit qu'il deût quitter le Chapeau pour prendre la place & le rang que tenoit le Comte Federic dans le monde, il ſe fit ordonner Preſtre, au grand étonnement de toute la Cour Romaine, qui ne pouvoit comprendre comment vn jeune homme en la fleur de ſon âge avoit pu tout d'vn coup abandonner de ſi hautes eſperances. Mais

Saint Charles, qui ſçavoit combien la jeu-
neſſe eſt remplie de difficultez , à combien
d'agitations elle eſt ſujette, combien il eſt aiſé de la ſurprendre, à combien de chûtes elle eſt expoſée , combien il eſt difficile d'arreſter l'impetuoſité de ſes mouvemens ; qui
avoit appris de Saint Jean Chryſoſtome, que
c'eſt vn bucher embraſé, qui ſe répand au de-
hors, & qui ſe prend à toutes les choſes qui
l'environnent, & les brûle promptement :
ne crût point pouvoir mieux arreſter ſes
ſaillies , & éteindre la violence de cette
flamme , qu'en recevant par ſon ordina-
tion l'eſprit de la Preſtriſe de J E S U S
C H R I S T, qui eſt vn eſprit de force &
d'empire contre le Prince du monde , en-
nemi de J E S U S C H R I S T. Il n'eut pas ſi-
toſt receu le Sacerdoce , que ſon oncle luy
donna encore la charge de Grand Peniten-
cier : office le plus important de l'Egliſe ; &
il pouvoit bien dire en la luy donnant , ce
que Gregoire XIII. dit depuis à vn ſaint
Cardinal en le reveſtant de cette dignité ; Qu'il eſtoit bien juſte de charger des pechez d'autruy vn homme qui eſtoit ſi peu
chargé des ſiens. Et de fait, les richeſſes qui
ſont les inſtrumens & la matiere ordinaire de tous nos crimes , n'eſtoient entre les

mains de Saint Charles qu'vne occasion
continuelle de bien faire, & de meriter. Il em-
ployoit les tresors immenses qu'il possedoit,
partie à soulager les pauvres : il leur distribua
vn jour jusqu'à quatre-vingts mille écus ; partie à rétablir les principales Eglises de Rome,
qui tomboient en ruine & en decadence. Il
commença par l'Eglise de Sainte Praxede,
vne des plus anciennes , pour laquelle il té-
moigna toûjours beaucoup d'attache & de
devotion , non seulement à cause qu'il en
estoit titulaire, mais bien plus à cause d'vn
des precieux gages de nostre Redemption ,
qui y est conservé ; sçavoir la colomne de la
flagellation , qui estoit dans le Pretoire de
Pilate, & qu'apporta à Rome le Cardinal Co-
lomna, Legat au Levant d'Honorius III.
Et si l'on a dit autrefois de Cesar, qu'il assu-
roit ses statuës en relevant celles de Pompée ;
nous pouvons dire avec bien plus de raison,
que Saint Charles en rétablissant & en de-
corant tant de fabriques & de temples dans
Rome, jettoit, pour ainsi dire, les fondemens
de ceux qui luy ont esté dediez depuis sa ca-
nonisation dans cette capitale de la Religion , où l'on en compte déja jusqu'à trois,
en l'vn desquels l'on garde son cœur, & dont
l'excellente & magnifique structure peut dis-

puter de prix & de beauté avec celle de ce
superbe dôme du Val-de-Grace, que la pieté d'vne Reine si devote à Saint Charles pendant sa vie, vient d'élever à nos yeux. Enfin
si Rome est aujourd'huy toute d'or, d'azur
& de marbre dans ses Eglises, elle en est
principalement redevable à S. Charles, puisque c'est luy qui a mis le premier cette devotion en vogue, ayant esté heureusement
secondé du fameux Michel-Ange, le premier
Architecte du monde, qui vivoit du temps
du Pontificat de son oncle. Vous croyez sans
doute, MESSIEURS, qu'il ne me reste plus
rien à dire pour fermer ce Theatre, & conclu-
re mon premier point ; & qu'aprés ce dernier
effort d'vne vertu heroïque qu'a fait éclater
Saint Charles en se liant volontairement,
& en s'engageant de son propre mouvement
dans le Sacerdoce, on ne sçauroit rien en-
cherir sur ce sacrifice qu'il a fait de luy-mesme. Cependant, en voici vn autre qui effa-
ce de beaucoup tout ce que je vous ay dit
jusqu'à present à sa loüange. C'est, MES-
SIEURS, que pendant que Saint Charles ra-
vissoit tout le monde, & qu'vn chacun estoit
en admiration de sa vertu & de la bonne
odeur qu'elle répandoit dans toute l'Eglise
Catholique, il forma dans son cœur le des-

fein de quitter tout , & de fe faire Reli-
gieux , dans la crainte qu'il avoit de perir
reftant dans le fiecle. Pour cét effet il conful-
ta Dom Barthelemy des Martyrs, Archevef-
que de Brague en Portugal, l'homme le plus
éclairé qu'il y euft alors dans la fpiritualité ,
& luy ayant ouvert fon cœur , il luy de-
clara qu'il fe vouloit affranchir , & délivrer
de tous les liens dont il eftoit chargé , & paf-
fer le refte de fes jours dans vn Monaftere ,
pour y vivre comme s'il n'y euft eu que Dieu
& luy fur la terre. Ce qui me touche & me
charme le plus là - dedans , n'eft pas de voir
que cette penfée luy ait paffé par l'efprit au
milieu de la pompe & de la magnificence
Romaine, eftant tout comblé de richeffes &
d'honneurs : beaucoup d'autres Saints l'ont
euë & l'ont executée; mais ce que j'y admire davantage , c'eft qu'aprés avoir conceu &
enfanté ce deffein , l'avoir nourri & élevé
dans fon cœur avec beaucoup d'attache &
de complaifance, il ait pû tout d'vn coup é-
touffer cét enfant de fon efprit, fi-toft qu'on
luy eut fait connoiftre que Dieu ne deman-
doit pas cela de luy ; mais bien le facri-
fice de fa propre volonté en renonçant entierement à ce projet. Voilà à quoy je re-
connois le doigt de Dieu fur Saint Charles :

voilà en quoy paroissent les traces & les impressions de son saint Esprit sur sa personne, l'acquiescement, la soûmission & l'obéissance aveugle estant le caractere d'vne devotion veritable & solide. Si-tost que Sainte Monique eut appris, que Saint Ambroise n'approuvoit pas qu'estant à Milan, elle allast porter ses offrandes sur les tombeaux des Martyrs suivant la coustume de l'Eglise d'Afrique, elle s'en desista volontiers, quoi-qu'elle eust esté élevée dans cette devotion dés son enfance. L'on reconnut aussi que Saint Simeon Stylite estoit veritablement appellé de Dieu dans le genre particulier de vie qu'il menoit sur vne colomne, quand il se mit en devoir d'en descendre au premier commandement que luy en fit son Evesque. Saint Charles demeura donc dans le monde malgré l'inclination violente qu'il avoit d'en sortir & de le quitter. Il y demeura pour estre vn Spectacle, vn sujet d'étonnement & d'admiration au monde en le méprisant : *Spectaculum facti sumus mundo.* Il y demeura pour faire vne leçon & vn reproche perpetuel aux mondains de la maniere sensuelle & voluptueuse dont ils y vivent. Il y demeura pour estre vn Spectacle, vn sujet d'étonnement & d'admiration dans Trente aux Anges, c'est-à-dire, aux Evesques,

ques, en les éclairant : *Spectaculum facti su-mus Angelis.* Ce qui fera le fujet de mon fe-cond point, comme le fecond Theatre de fa gloire.

NOUS devons avoir d'autant plus de paffion, de zéle & de refpect pour l'E-glife, que fuivant la doctrine de Saint Cy-prien, elle renferme en foy toutes les quali-tez & tous les attraits qui peuvent gagner nos cœurs, & meriter noftre eftime ; car fi nous fommes touchez de l'amour de noftre patrie, fi nous fommes vivement épris d'af-fection pour nos parens; & fi nous nous por-tons avec chaleur à rendre nos devoirs aux Souverains de qui nous dépendons : combien grand, & combien ardent fera ce feu divin, dont nous devons brûler d'amour pour l'E-glife, puifqu'elle nous tient lieu de toutes ces chofes, & que par vne merveilleufe in-vention de la fageffe de Dieu, elle eft tout enfemble noftre patrie, noftre mere & noftre Reine : *Vbi, ex qua, & cui natus eft*, dit Saint Cyprien, qui n'eft jamais plus eloquent, que quand l'occafion fe prefente de traitter cette matiere. Oüy, MESSIEURS, comme fi Dieu euft craint que nous manquaffions à ai-mer & à honorer l'Eglife, il a fceu y réünir

ces trois titres differens , afin de nous enga-
ger par là tres-étroitement à son service , &
que nous ne pussions nous en détacher, sans
rompre les liens les plus sacrez & les plus in-
dissolubles , chaque Chrestien naissant tout
à la fois dans l'Eglise, de l'Eglise & pour l'E-
glise : *Ubi , ex qua , & cui natus es.* Mais si jamais nous devons rendre nos hommages &
nos venerations à l'Eglise , c'est principalement dans les Conciles generaux, assemblez
de toute la terre ; puisque c'est-là proprement
qu'elle commande en souveraine & en Reine, & que les decisions qui emanent de ce
tribunal ; que les foudres qui partent de ce
thrône , sont autant d'oracles du Saint Esprit,
sur l'assistance duquel elle est fondée, comme sur l'immobilité de la pierre. Et c'est aussi
dans cét estat glorieux qu'on luy peut appliquer ce passage du Psalmiste : *Astitit Regina à dextris tuis in vestitu deaurato , circum-
data varietate ,* si nous en croyons Saint Jerô-
me , lequel assure que David nous designe
en cét endroit l'Eglise , qui estant assise à la
dextre de son époux , regne conjointement
avec luy, environnée de ce nombre infini de
differens ministres & officiers , qui luy ser-
vent comme de corps-de-garde & de ram-
part : *Est enim Regina, regnátque cum Rege ,*

dit cét incomparable Docteur, dont le témoignage est d'autant plus recevable, qu'il
est de tous les interpretes de l'Ecriture, celuy qui s'attachant le plus au sens litteral,
donne moins dans l'allegorie, & qui a merité de travailler aux livres sacrez dans
les lieux mesmes où ils ont esté inspirez de
Dieu. Nostre grand Cardinal a eu le bonheur d'avoir esté vn des premiers instru-
mens, & vn des principaux organes dont
le divin Moteur s'est servi pour faire con-
clure le dernier des dix-huit Conciles generaux, tenu à Trente; & quand il n'auroit
procuré que ce seul bien à l'Eglise Catholique pendant toute sa vie, elle luy en seroit à
jamais redevable. Je sçay fort bien que Saint
Charles ne fut point à Trente pendant la
tenuë du Concile, pour prevenir icy l'ob-
jection qu'on me fera sans doute là-des-
sus. Mais si Saint Augustin a dit dans vn
pareil rencontre, parlant de Saint Cyprien,
qu'il avoit esté du Concile d'Afrique tenu
contre les Donatistes seulement en vertu de
l'vnité sacerdotale, par la force & l'efficace
de la charité, qui estant vraiment vne, Chré-
tienne & Catholique, s'étend aussi loin que
l'esprit qui la forme dans le cœur, qui rem-
plit toute la terre : je puis dire avec autant

D ij

de fondement que Saint Charles , quoi-
qu'abfent de Trente , a toûjours efté prefent
au Concile , ayant efté , pour ainfi parler ,
l'ame , le cœur & la langue de ce grand
corps , & de cette illuftre affemblée ; en forte
qu'il pouvoit bien dire aux Peres du Concile
ce que l'Apoftre Saint Paul écrivoit aux Co-
loffiens : *Nam etfi corpore abfens fum , fpiritu*
*vobifcum fum : gaudens & videns ordinem ve-*
*ftrum , & firmamentum ejus quæ in Chrifto eft*
*fidei veftræ.* Perfonne n'ignore que ce Concile fut convoqué pour remedier aux defor-
dres que caufoient dans l'Allemagne & dans
vne partie de noftre France, les herefiesde Lu-
ther & de Calvin. Et pour vous donner quelque idée de l'eftat pitoyable où avoit reduit
vne partie de l'Europe la vie defordonnée
& licencieufe de ces nouveaux reforma-
teurs , il faudroit vous reprefenter ici avec
vn pinceau trempé dans le fang , des batail-
les données , des villes faccagées , la divifion
des familles , les trahifons , les emprifonne-
mens & les parricides , qui fe commettoient
à toute heure : il faudroit y ajoûter le brû-
lement des temples , le maffacre des Preftres ,
la profanation des vafes facrez ; & ce que
je ne puis dire fans horreur , le facré Corps
de JESUS CHRIST foulé aux pieds , don-

né aux chevaux, jetté dans le feu, pour ne pas rapporter des sacrileges plus enormes contenus dans la Harangue imprimée, que fit le Cardinal de Lorraine aux Peres du Concile. Mais comme nous vivons dans vn siecle plus heureux, que leurs partisans ont de plus douces pensées, que les plus hon-nestes gens commencent d'ouvrir les yeux, & de revenir de leurs premiers égaremens, que nous comptons déja parmi les enfans de l'Eglise leurs plus illustres défenseurs, n'en-sanglantons point cette scene de la represen-tation d'avantures si tragiques ; cachons les fautes de nos freres errans, détournons les yeux d'vn objet si funeste, couvrons d'vn ri-deau, & mettons vn voile au devant d'vn Spectacle si horrible : contemplons plûtost Saint Charles comme vn soleil qui éclaire & illumine tous les astres du firmament de l'E-glise assemblez dans Trente :

*Solémque suum sua sydera norunt.*
Voyons comment il répand sa chaleur & sa lumiere sur les Anges ; comment il est vn Spectacle d'esprit & d'intelligence aux Prelats, suivant les paroles de mon texte : *Spectaculum facti sumus Angelis.* Je puis bien appeller ainsi Nosseigneurs les Evesques, puisque c'est le nom qui leur est

donné dans l'Apocalypfe , où il eſt parlé de
l'Ange d'Epheſe , de Smyrne, & ainſi des autres ; & Saint Paul qualifie de la ſorte les
Preſtres, lorſqu'il dit que les Dames Chrê-
tiennes doivent eſtre voilées dans les Egli-
ſes *propter Angelos Dei* , à cauſe des Anges du
Seigneur ; c'eſt-à-dire, à cauſe des Miniſtres
qui ſervent à l'autel , qui ſont les Anges vi-
ſibles de Dieu. Le grand Saint Denis donne
la raiſon de cette denomination dans le dou-
ziéme chapitre de la Hierarchie celeſte , nous
apprenant que celuy qui tient lieu de Hie-
rarque ou de Pontife entre les hommes , eſt
appellé du nom d'Ange , tant qu'à cauſe de
la nature de ſa charge , il participe à cette
proprieté commune aux Anges , d'annoncer
les choſes qu'il a entenduës par les autres :
comme auſſi qu'il s'éleve de tout ſon pouvoir , & autant qu'il eſt permis aux hommes,
à cette faculté qu'ont les Anges de declarer
& d'expliquer les divins myſteres ; ce qui
fait leur conformité & leur reſſemblance.
Je dis donc , MESSIEURS , pour rentrer
dans noſtre route , & reprendre le fil de
mon diſcours, que Saint Charles a eſté l'ame
du Concile de Trente , en ce qu'il a fait ré-
fuſciter & revivre ce Concile , qui eſtoit
comme mort, & giſant depuis tant d'années

qui s'eftoient écoulées depuis fa premiere indiction, en obtenant de fon oncle Pie IV. par fes folicitations reïterées, qu'il le remift fur pied, & qu'on le continuaft. L'ame eft dans noftre corps le premier principe & la caufe de la vie que nous vivons, des fenti-mens & des mouvemens que nous avons. Pareillement Saint Charles a informé ce grand Corps, en y envoyant des Legats de naiffance, de fçavoir & de vertu, qu'il avoit choifis luy-mefme, felon qu'il les avoit con-nus plus capables de travailler folidement pour la défenfe de la foy, pour la deftruction de l'herefie, & pour le rétabliffement des mœurs. Les Heretiques attribuoient le delay qu'avoient apporté les Papes jufqu'alors à s'appliquer tout de bon à l'affaire du Concile, à la crainte qu'ils avoient qu'on n'y entreprift fur leur Jurifdiction & fur leur Autorité, qu'on ne vouluft commencer la reforme propofée par la Reformation de la Cour Romaine. Les Politiques publioient que ce retardement é-toit fondé fur la guerre qui eftoit pour lors allumée entre les Princes Chreftiens, prin-cipalement entre l'Empereur Charles-Quint & François Premier. Les moins paffionnez expliquant favorablement l'intention des Souverains Pontifes, affuroient qu'on ne

faifoit difficulté de continuer le Concile,
qu'à caufe des fuites fafcheufes qu'il y avoit
à craindre de fa convocation, témoin ce qui
penfa arriver fi Pie I V. fuft mort, comme il
en eftoit menacé fur la fin du Concile ; ce
qui auroit efté l'occafion du plus grand
fchifme qui ait jamais partagé & déchiré
l'Eglife, puifqu'en cas de vacance les Cardinaux auroient voulu proceder, fuivant la
couftume, à l'élection d'vn nouveau Pape fon
fucceffeur, & que d'vn autre cofté les Peres
du Concile auroient pretendu que c'eftoit à
eux, qui reprefentoient l'Eglife Univerfel-
le, d'en choifir le chef. Les Legats rejette-
rent la fufpenfion & la rupture du Concile,
fur le foupçon de pefte qui courut à Trente, fi-toft qu'ils en furent confirmez par le
témoignage public & authentique qu'en
donna le celebre Fracaftor, Medecin des
plus renommez d'Italie. C'eftoit ainfi que
les hommes raifonnoient fur les differentes
interruptions & tranflations du Concile de
Mantouë à Vicenze, de Vicenze à Trente,
de Trente à Bologne, & de Bologne à Trente, s'eftant paffez dix-huit ans entiers depuis le commencement jufqu'à la fin du Concile. Mais Dieu qui fe jouë de la prudence
des hommes, qui regle leurs déreglemens,
comme

comme parle Saint Augustin, qui donne tel cours qu'il luy plaist au torrent impetueux de leur malice, qui se sert de l'ambition des brigues, des adresses & des passions humaines, comme d'autant de ressorts secrets & cachez, pour mieux executer les desseins de sa Providence eternelle, permettoit tous ces retardemens pour conduire plus heureusement le Concile à sa fin, en le faisant revivre du temps de Saint Charles, afin que le monde Chrestien eust tout ensemble dans sa personne l'idée de la reforme prescrite par le Concile, aussi bien que la pratique, & l'observance exacte de cette mesme reforme; la voye d'enseigner par les exemples estant sans comparaison plus courte & plus asseurée que celle des preceptes, encore plus quand on y joint les deux ensemble, comme le sceut si bien pratiquer ce fameux Sculpteur Grec, qui ayant composé vn livre de son art, qu'il intitula la Regle, exposa en mesme temps en public vne statuë admirable, à qui il donna le mesme nom; meslant ainsi les preceptes avec les exemples, & les faisant marcher de compagnie. C'est ce qu'a incomparablement mieux fait Saint Charles, le modele vivant & animé des Prelats de la primitive Eglise. Car du

rant que les Peres aſſemblez à Trente com-
battoient ſous ſes ordres l'hereſie & la de-
pravation des mœurs par leurs deciſions & 
par leurs ordonnances , il les combattoit à
Rome par ſes jeuſnes , par ſes prieres & pár
l'exemple de ſa bonne vie. Il commença par
ſa famille la reformation du luxe, dont les
Heretiques accuſoient tant les Eveſques.
On ne voyoit rien que d'honneſte, de reglé
& de modeſte , en ſa table , en ſes meubles
& en ſes domeſtiques; & il avoit accouſtu-
mé de dire, qu'vn Eveſque doit le premier
gouſter les choſes les plus ameres , afin de
les temperer, d'en corriger l'aigreur , & de
les adoucir par ſon exemple.  Saint Charles
a encore eſté le cœur du Concile, en ce que
comme le cœur communique la chaleur &
la vie à tous les membres, ainſi ce ſaint Cardinal a communiqué la chaleur, l'eſprit &
la vie aux Prelats, en les encourageant & ex-
citant à ſurmonter genereuſement toutes les
difficultez qui ſe preſentoient chaque jour;
en donnant par eux le mouvement à cette
illuſtre Aſſemblée, afin que la paix s'y con-
ſervaſt, & qu'on y priſt des reſolutions ſalu-
taires pour la Chreſtienté ; en faiſant con-
clure le Concile auſſi heureuſement & auſſi
glorieuſement qu'il l'a eſté , malgré le deſir

& les cabales de ceux qui auroient esté bien aises de le voir encore interrompu, pour n'estre pas obligez de vivre doresnavant suivant la severité des regles qu'il a prescrites. Saint Charles ne borna pas là son zéle & son application : il fit par ses soins que le Pape confirma tout ce qui s'estoit fait à Trente ; qu'il établit vne Congregation de Cardinaux, qui subsiste encore aujourd'huy, pour decider les difficultez qui pouvoient naistre dans la suite des temps, de l'explication des decrets du Concile. Enfin il voulut estre l'organe, la langue & l'interprete de cette sainte Assemblée, en ce qu'il fit composer le Catechisme du Concile ; ouvrage comparable aux écrits des saints Peres ; tresor inépuisable de toute la discipline Ecclesiastique : en ce qu'il fit celebrer à Milan tant de Synodes & de Conciles provinciaux, qui ont esté comme la suite, l'accomplissement & l'execution du Concile general. Il ne faut que lire le volume de ses ordonnances, qu'il publia sous le nom d'Actes de l'Eglise de Milan, & auquel par modestie il ne voulut pas mettre son nom, pour reconnoistre combien il possedoit toutes ces matieres : combien grande & vaste estoit la capacité de son esprit pour la do-

ctrine de l'Eglife : quelle abondance de feux,
de clartez & de lumieres , il a communiqué
aux Anges de l'Eglife , aux bons Prelats :
*Spectaculum facti fumus Angelis ;* quels foudres , quels anathemes & quels éclairs il a
lancé fur ces mauvais Anges , fur ces efprits
d'erreur , d'iniquité & de tenebres. Mais
nous voici infenfiblement arrivez dans Milan , le dernier Theatre de la vertu de noftre
Saint , en parlant des Conciles qu'il y a tenus;
arreftons nous y donc, MESSIEURS ,pour
y contempler les témoignages d'amour qu'il
donne à fon peuple : *Spectaculum facti fumus
hominibus.*

JE puis bien appliquer à la ville de Milan
ce qu'vn Ancien a dit autrefois de celle
d'Athenes : *Quacumque ingredimur , in aliquam hiftoriam veftigium ponimus.* Quelque
part où l'on aille dans cette ville , on fe
trouve toûjours marcher fur quelque hi-
ftoire ; on rencontre à chaque pas quelque antiquité Ecclefiaftique : *Quacumque ingredimur , in aliquam hiftoriam veftigium ponimus.* Icy , MESSIEURS , l'on
monftre le jardin où s'eft converti Saint Au-
guftin ; c'eft-là qu'à l'exemple du divin JE-
SUS , qui fortant du tombeau reprit fon fa-

cré Corps dans vn jardin au milieu des plantes & des fleurs , ce Docteur incomparable ressuscita pareillement du peché à la grace, passa de la mort à la vie dans vn verger qu'il arrosa des ruisseaux de ses larmes, couché qu'il estoit auprés de ce figuier aussi doux & agreable aux yeux des Anges , que cét autre arbre du paradis terrestre a esté funeste à toute la posterité d'Adam.   Mon Dieu , que de flammes brûlantes de dévotion s'élevent dans le cœur de ceux qui approchent d'vn si glorieux monument de sainteté ! Là on découvre l'endroit où Saint Ambroise & Saint Augustin vnissant leur voix & leurs esprits , composerent cette ode sacrée , ce divin cantique de loüanges que l'Eglise ne chante jamais que debout , & que teste nuë , ravie & toute transportée de joie & de reconnoissance.   Plus loin vous rencontrez l'Eglise où Saint Ambroise se refugia pour éviter la persecution de l'Imperatrice Justine , qui estant tombée dans l'Arianisme , vouloit contraindre ce Prelat d'accorder vne Eglise à leurs fauteurs. On y vid alors accourir & fondre tout le peuple de Milan , resolu de sacrifier sa vie pour conserver celle de son admirable Pasteur , qui pour charmer la douleur & l'ennui de ces innocentes victimes, de ce troupeau affligé, ordonna qu'on chanteroit toutes les nuits les hymnes & les pseaumes de David, suivant la coustume de l'Eglise Grecque, qui n'estoit pas encore introduite dans la Latine, & qui se répandit du depuis dans toutes les Eglises du monde, lesquelles encherissant sur cette sainte & loüable invention, formerent ces charmans & divins concerts de musique, qui vont tout-à-l'heure travailler si noblement à l'envi l'vn de l'autre aux loüanges de nostre saint Cardinal, & que je n'interrompray pas plus long-temps. Là-mesme l'on vous fera remarquer Saint Ambroise rempli de la fermeté & de la magnanimité Episcopale, interdire l'entrée du temple à l'Empereur Theodose, tout fumant encore du sang des habitans de Thessalonique, qu'il avoit fait passer par le fil de l'épée. Nous verrons ailleurs l'endroit marqué par l'Apostre Saint Paul à Saint Ambroise, où l'on découvrit les corps des bienheureux Martyrs Gervais & Prothais, dont la translation fut honorée des miracles les plus authentiques qu'il y ait dans toute l'Histoire Ecclesiastique, aprés ceux qui sont rapportez dans l'Ecriture. Tant il est vray qu'on ne sçauroit faire vn pas dans cette vil-

le, sans estre arresté par ces grands evene-
mens de l'histoire : *Quacumque ingredimur
in aliquam historiam vestigium ponimus.* Mais
pourquoy m'amuser à parcourir de l'esprit
tous ces lieux ? Je n'ay qu'à suivre Saint
Charles, & nous verrons qu'il a non seulement renouvellé en sa personne, mais mesme surpassé de bien loin tout ce qui a jamais rendu Milan plus glorieux & plus re-
commandable. Car si cette ville s'est renduë
illustre dans tous les siecles pour avoir esté
le lieu de la conversion de Saint Augustin,
elle s'est renduë tout autrement recomman-
dable du temps de Saint Charles, en se con-
vertissant elle-mesme par les soins infatiga-
bles de son genereux Pasteur, qui luy fit
changer de face, & qui d'vne Babylone per-
duë & souillée de mille crimes, qu'elle estoit
auparavant, en fit vne cité sainte & fidéle,
la rendant aussi florissante qu'elle estoit autrefois desolée. Si la ville de Milan s'est renduë celebre par l'entreveuë de Saint Ambroise & de Saint Augustin, elle ne l'a pas
moins esté par tant d'assemblées de Synodes
& de Conciles provinciaux, que Saint Charles y a tenus à la teste d'vn grand nombre de
Cardinaux & d'Evesques, dont il y en eut
mesme vn qui devint Pape, sçavoir Gre-

goire XIV. Si Milan a eu le bonheur d'a-
voir entendu prefcher Saint Ambroife avec
tant de douceur, de pieté & d'eloquence; elle a auffi efté bien confolée, fe voyant la premiere, & peut-eftre l'vnique de toutes les
villes Chreftiennes, qui ait jamais entendu
prefcher fi fouvent & fi tendrement vn Cardinal neveu. Ne fondit-elle pas en larmes
au premier de fes fermons, où il prit pour
texte ces paroles du Sauveur, toutes de feu
& de flammes : *J'ay defiré d'vn grand defir
de manger cette Pafque avec vous* ? Si Milan
fe glorifie à bon droit de la fermeté que té-
moigna Saint Ambroife à l'Empereur Theo-
dofe, elle n'a pas moins fujet de fe vanter de
la vigueur & de l'intrepidité qu'a fait pa-
roiftre Saint Charles en cent occafions,
quand il s'eft agi de s'oppofer aux entrepri-
fes ridicules & chimeriques des Gouver-
neurs de Milan, qui fe regardoient comme
autant de Rois, & que Saint Charles n'a
point neantmoins apprehendé d'excommu-
nier, lorfqu'ils ont eu l'infolence de choquer
les droits de Dieu & de fon Epoufe. Enfin
fi Milan a donné à l'Eglife Latine le premier
exemple du chant qui y eft en vfage, Saint
- Charles a eu le bonheur de le rétablir dans
fa Cathedrale, où il eftoit entierement aboli

&

& negligé, y faifant celebrer les Offices divins avec toute forte d'éclat, de majefté &
de fplendeur, fourniffant en tous ces differens emplois vn Spectacle bien nouveau, vn
fujet d'étonnement & d'admiration à fes
pauvres oüailles, qui avoient efté quatre
vingts ans fans Pafteur : *Spectaculum facti
fumus hominibus.* Les paroles de l'Apoftre
qui precedent celles-ci, conviennent tout-
à-fait bien à Saint Charles, & juftifient
amplement l'application que je luy en ay
faite : *Tanquam noviſſimos Apoftolos mifit
nos Deus, tanquam morti deftinatos.* Dieu
nous a envoyé comme les derniers de fes
Apoftres, comme des gens deftinez à la
mort. N'eft-ce pas là le portrait au naturel
de Saint Charles, & n'y reconnoiffez-vous
pas, MESSIEURS, voftre faint Patron ? Il
a efté le dernier des Apoftres dans l'ordre des
temps, ayant paru feulement dans le feiziéme
fiecle : il s'eft mis en devoir de tout quitter
comme eux, jufques-là qu'il facrifia prés de
foixante mille écus de rente, qu'il poffedoit
en benefices, dont il fe défit tout d'vn coup,
ne fe refervant que la dot de fon Epoufe,
par vne conduite qui n'a gueres eu d'imi-
tateurs: il a defriché, comme les Apoftres,
vne infinité de lieux incultes, fteriles &

sauvages, en faisant ses visites sur les Alpes,
& dans les vallées des Suisses & des Grisons,
où il luy faloit continuellement marcher
par des chemins presqu'inaccessibles, à travers les glaces, les neiges, les torrens & les
precipices. Ne peut-on pas dire de la vertu
de nostre Saint, que le bruit s'en est répandu
par toute la terre, aussi bien que de celle des
Apostres, par le moyen des Prelats du Concile œcumenique, qui ayant esté témoins
oculaires des bonnes intentions de S. Charles, & s'estant remplis de son esprit & de
ses maximes, les répandirent ensuite dans
toutes les contrées du monde Chrestien, à
leur retour dans leurs Dioceses ? *Tanquam
morti destinatos*, ajoûte l'Apostre. N'est-ce
pas là, MESSIEURS, le caractere particulier & specifique de Saint Charles, que cét
esprit de mort, qui a regné sans interruption
pendant tout le cours de sa vie, & qui estoit
également bien gravé sur son visage attenué
& défait, have, sec & livide, & dans ses
actions toutes saintes, toutes Chrestiennes,
& toutes religieuses ? Saint Charles a esté
vraiment destiné à la mort par les playes
sanglantes & mortelles, qu'on a fait avec
tant d'inhumanité & d'ingratitude à son
honneur & à sa reputation. Il s'est veu tra-

duit à la Cour des Papes, des Empereurs &
des Rois; on l'y a fait passer pour vn ambi-
tieux, pour vn emporté, pour vn homme
sans prudence & sans jugement. Il a veu
censurer vn de ses Conciles par le credit de
ses accusateurs : on le déchira luy-mesme
en pleine chaire à la veuë de tout son peuple, & du Gouverneur de Milan, qui applau-
dissoit à ces calomnies. Ce qu'il a toûjours
souffert avec patience, & mesme avec joie,
se souvenant de la prophetie du Sauveur
exprimée dans ces paroles : *Tanquam morti
destinatos*. Il l'a bien verifiée d'vne autre maniere à la lettre, lorsqu'il essuya vne gresle
de mousquetades, qu'on déchargea sur vne
croix qu'il portoit, dans la visite qu'il s'estoit
mis en devoir de faire chez des Chanoines,
qui se disoient exempts de sa jurisdiction.
Et tout le monde scait qu'il y eut vn mise-
rable homme, assez perdu d'honneur & de
conscience, pour luy tirer vn coup d'ar-
quebuse dans sa propre chapelle, à la veuë des
saints Autels, dans vn temps de priere publique. Ne voilà que trop d'images réelles
d'assassinats & de morts, pour appuyer ma
conjecture touchant ce passage : *Tanquam
morti destinatos*. Cependant, en voici vne
bien plus terrible, à laquelle il s'est ex-

posé luy - mesme, comme vn autre Saint
Cyprien, & qu'il a recherchée avec autant d'empreffement & d'ardeur, que les autres la fuyoient, dans cette grande pefte qui
ravagea fi long-temps la ville de Milan, &
qui en enleva vingt mille ames. C'eft-là, à
dire le vray, le plus beau Theatre de la vie
de noftre Saint, vne belle occafion de dé-
ployer toutes les voiles de l'eloquence, vn
endroit qui demanderoit vn Panegyrique
regulier, vn Sermon tout entier ; mais il y
a trop long-temps que je parle, & quand je
ne ferois que commencer, comme je fuis
preft de finir, j'avouë, MESSIEURS, que
je ne me fens pas affez de force pour four-
nir vne fi longue, fi difficile & fi penible
carriere. Car comment pouvoir dignement
reprefenter ce faint Cardinal, allant dans
tous les lieux frappez de la contagion, pour
affifter fes oüailles mourantes, donnant ordre à tout dans vne fi grande confternation,
dans vne fi effroyable calamité, apprehen-
dant les moindres accidens pour fes brebis,
& ne craignant rien pour luy - mefme, pref-
fé de tendreffe & de compaffion pour les
autres, dur & infenfible à la confervá-
tion de fa propre vie ? L'eloquence, MES-
SIEURS, n'a point de couleurs ni de

pinceau qui puiſſe bien vous tracer cette
pompe funebre , cette proceſſion lugubre ,
dans laquelle parut Saint Charles , la cor-
de au col , vne croix entre les bras , ſui-
vi de ſon Clergé , marchant nuds - pieds
à travers les ruës de Milan jonchées de
corps morts & d'hommes mourans , criant
miſericorde pour ſon peuple , ſe preſentant
ſoy-meſme comme vne hoſtie vivante , comme vne victime publique , pour le ſalut des
Milanois, pour tâcher de flechir la miſericorde divine par cette amende honorable pour
les pechez de ſon peuple , & demandant
d'en ſubir luy ſeul le chaſtiment. Je n'ay
pas le cœur, MESSIEURS, de m'arreſter
plus long - temps ſur vn Spectacle ſi touchant & ſi pitoyable , qui deſarma meſme
la colere de Dieu , quelque irrité qu'il fuſt
contre Milan ; j'apperçois auſſi bien que le
peu que j'en ay dit , fait trop d'impreſſion
ſur les eſprits , agite , & remuë trop les
ames fidéles ſans les attendrir davantage. Je
laiſſe donc là toute ma morale , je retran-
che toutes les reflexions qu'il y avoit à faire
ſur vn ſi beau ſujet ; & je me retire dans le
meſme eſprit & dans la meſme veuë , que
Saint Paul finit ſon ſermon aprés l'accident
d'vne mort arrivée inopinément comme il

preſchoit, par la raiſon que tout le monde
ſçait qu'en donne Saint Jean Chryſoſtome
dans ces paroles tant de fois dites dans les
chaires Chreſtiennes , & non jamais aſſez re-
petées : *Ipſe caſus pro doctore fuit.* Mais je ne
puis que je n'admire auparavant que de finir , la charité clairvoyante & ingenieuſe des
premiers Inſtituteurs de la Compagnie de
la Charité , établie dans cette auguſte Pa-
roiſſe ſous l'invocation de Saint Charles.
Car dans cette grande foule de Saints & de
Saintes , de Bienheureux & de Bienheureu-
ſes, qui ſe preſentoient à leurs eſprits , pour
leur ſervir de modeles & de protecteurs , ils
ſe ſont vniquement arreſtez à vn grand Ar-
chevefque , à vn grand Paſteur ; parce que
dans le vray , MESSIEURS , il n'y a rien
de plus tendre , de plus paſſionné & de plus
charitable qu'vn Paſteur , & que l'affection
la plus ardente d'vn pere pour ſes enfans ,
d'vn époux pour ſon épouſe ne luy eſt nul-
lement comparable ; & il n'y a que ceux
qui ont eſté Paſteurs qui puiſſent bien comprendre juſqu'à quel excés monte cét amour.
Auſſi voyons - nous , MESSIEURS , que
Dieu a permis pour reconnoiſtre & pour re-
compenſer en quelque ſorte viſiblement
l'excellent choix de ces pieux Confreres ,

qu'entre tant de reliques qui se font diftri-
buées de Saint Charles, il leur foit tombé
en partage fon étole, qui eft la marque, le
feau & le caractere du devoir Paftoral, puif-
que le Souverain Pontife, le Pafteur des Pafteurs, n'a point de plus precieux ornement
que celuy-là, qu'il ne quitte jamais comme
fes veritables livrées & fes couleurs les plus
cheres : parce que ce luy eft vn perpetuel
reffouvenir, auffi bien qu'aux Pafteurs fub-
alternes, qu'ils font autant de victimes d'a-
mour preftes à s'immoler pour le falut de
leurs oüailles. Continuez donc, M E S-
SIEURS & MESDAMES, de marcher,
comme vous faites fi noblement, fur les
traces de vos illuftres devanciers : foyez
comme eux, à l'imitation de voftre faint
Patron, vn Spectacle, vn fujet d'étonnement & d'admiration au monde en le méprifant : *Spectaculum facti fumus mundo.*
Soyez vn Spectacle, vn fujet d'étonnement
& d'admiration aux Anges, c'eft-à-dire, aux
Pafteurs, qui vous gouvernent avec tant de
foin, de vigilance & d'exactitude en leur
obéiffant aveuglément : *Spectaculum facti*
*fumus Angelis.* Soyez vn Spectacle, vn fujet d'étonnement & d'admiration aux hommes ; c'eft-à-dire, à ces miferables, que vous

aſſiſtez, en les aimant tendrement : *Spectaculum facti ſumus hominibus.* Et aprés avoir ainſi formé ici bas ſur la terre vn Spectacle de vertu & de grace, vous en formerez vn autre de ſainteté & de gloire dans le Ciel. Ainſi ſoit-il.

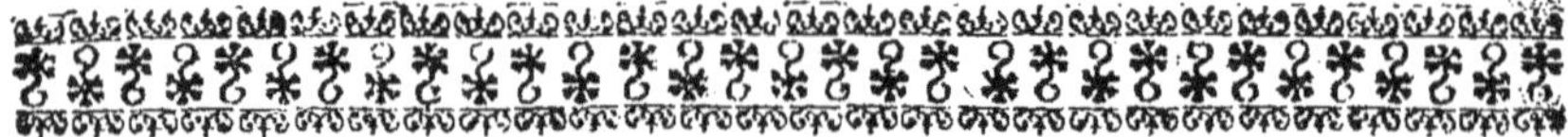

# EXTRAIT DU PRIVILEGE
## du Roy.

PAR Grace & Privilege du Roy donné à S. Germain en Laye le 15. jour de Septembre 1669. figné DALENCE', & feellé, il eft permis au Sr ABBE' DE LA CHAMBRE, Confeiller & Aumofnier ordinaire de fa Majefté, de faire imprimer, vendre & debiter par tel Imprimeur ou Libraire qu'il luy plaira, *tous les Panegyriques des Saints par luy compofez & prefchez dans Paris*, pendant le temps de fept années. Durant lequel temps il eft fait défenfes à toutes fortes de perfonnes de quelque qualité & condition qu'elles foient, de les imprimer, ou faire imprimer, vendre & diftribuer, fans le confentement dudit Sieur Abbé, fur les peines portées par ledit Privilege.

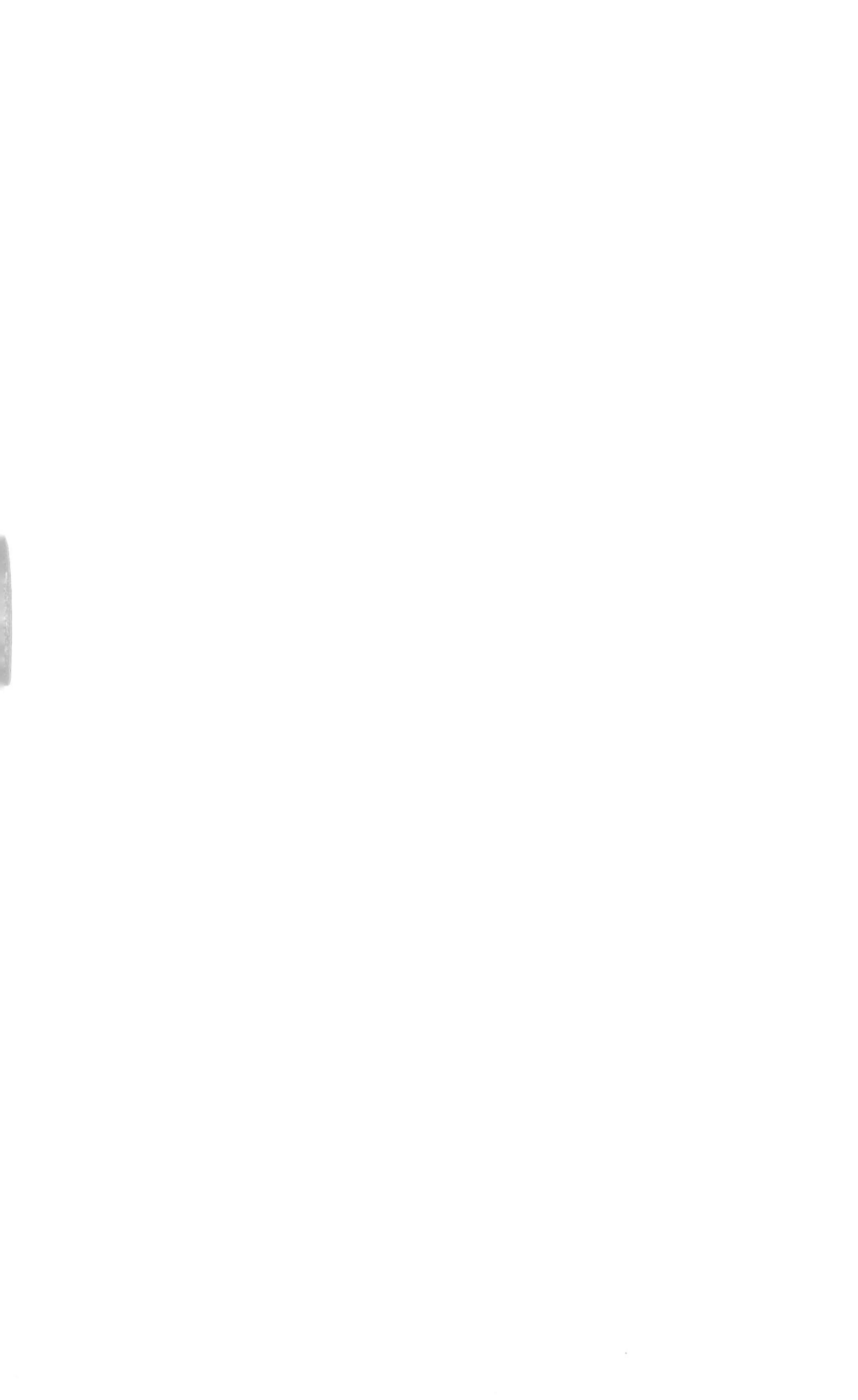